LA
FRANCE D'AUJOURD'HUI

ET LA

FRANCE DE DEMAIN

PAR

A. LANABIT

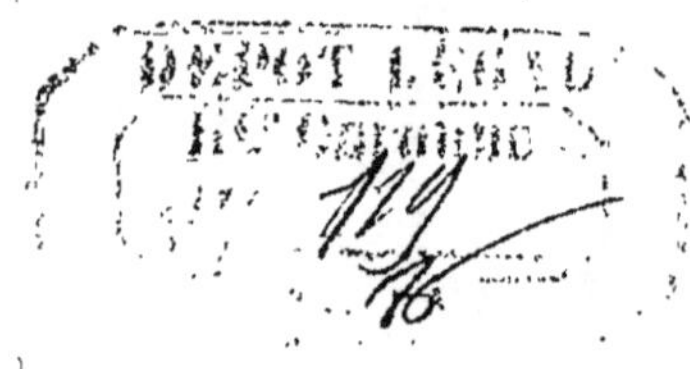

PRIX : 50 CENTIMES

TOULOUSE

EN VENTE CHEZ LES PRINCIPAUX LIBRAIRES

— 1886 —

LA

FRANCE D'AUJOURD'HUI

ET LA

FRANCE DE DEMAIN

PAR

A. LANABIT

PRIX : 50 CENTIMES

TOULOUSE

EN VENTE CHEZ LES PRINCIPAUX LIBRAIRES

— 1886 —

LA FRANCE D'AUJOURD'HUI

ET

LA FRANCE DE DEMAIN

I

Actuellement, tous les Français ressentent, à des degrés différents, bien entendu, les effets de la crise ; mais tous ne s'expliquent pas bien, peut-être, comment nous y sommes arrivés. Les causes qui ont plongé le commerce et l'industrie dans le marasme sont multiples ; en première ligne, nous pouvons citer comme funeste : l'instruction trop répandue. Il n'est pas admissible de croire que l'homme sera plus heureux et aura une plus grande force morale, lorsqu'il possèdera une instruction tout à fait élémentaire, même secondaire ; il ne sera pas non plus d'une plus grande utilité pour la République ; car, voici ce qui arrive : les jeunes gens de la campagne dédaignent les travaux des champs, ils affluent vers la ville pour se faire commis, employés d'administration ou autres professions de ce genre ; ils savent lire, écrire, compter ; ils ont un petit capital qui leur permettra d'attendre l'emploi postulé ; dès lors, ils n'ont plus besoin de travailler la terre. — Ils ne s'imaginent pas qu'ils vont perdre leur liberté, s'étioler dans l'atmosphère de ces grands centres ; que plus tard ils regretteront le morceau de pain mangé au grand air, en plein soleil, et cette gaieté, cette tranquillité, ces jours paisibles, exempts de tracasseries et d'inquiétudes ; ils regretteront tout cela, mais ce sera trop tard.

Les jeunes gens des villes, fils de modestes artisans, ne veulent pas non plus du métier de leur père, il leur faut une carrière plus brillante.

Donc, les travaux des champs méprisés et abandonnés, dans les villes le métier du père non continué par le fils qui pourrait y apporter du perfectionnement, tout cela n'est pas fait pour que tout aille, suivant l'expression vulgaire, comme sur des roulettes.

Je sais bien que beaucoup diront que cet état de choses ne durera pas, que tout rentrera dans l'ordre normal, et que, l'instruction étant en plus, l'on aura accompli une vraie et bonne révolution sociale. Hélas ! il ne peut en être ainsi ; il est des professions qui doivent être commencées dès le bas-âge : c'est insensiblement, progressivement, que doivent être formés ceux qui se destinent aux rudes travaux ; il serait pénible et répugnant, en effet, aux enfants qui ont usé leurs culottes sur les bancs de l'école, d'entreprendre un travail qui serait au-dessus de leurs forces, n'y étant préparés petit à petit. En outre, les quelques connaissances que le jeune homme possède le poussent toujours vers un idéal qu'il ne peut atteindre ; — ce qui le rend malheureux toute sa vie.

L'instruction serait un bienfait sans doute, si elle n'éloignait pas ceux qui l'acquièrent des devoirs qui leur incombent, du but à poursuivre.

L'instruction obligatoire et trop répandue fera des Français un peuple d'écrivains et de penseurs ; or, ce n'est avec des idées et des théories que le peuple se nourrit. Quand je dis un peuple d'écrivains, je n'exagère pas ; en effet, dès qu'une personne a une orthographe régulière, elle n'aspire qu'à publier son petit roman. Comme l'ouvrage n'a, le plus souvent, ni rime ni raison, il arrive que l'auteur a mal employé son temps, que ceux qui l'achètent emploient misérablement leur argent, perdent leur temps en le lisant, se nourrissent d'idées bizarres et se font une idée fictive de la vie. Ces publications incessantes sont encore une plaie de l'époque ; aucun ouvrage ne devrait paraître au public sans avoir reçu, préalablement, l'approbation d'une société de gens de lettres choisis à cet effet.

L'enseignement des femmes qui se destinent aux carrières libérales est une chose hors des bornes de la raison. Si Molière revenait, il trouverait là un joli sujet de ridiculisme et d'extravagance ; parce qu'enfin, la femme sort, dans ce cas, du rôle et de la mission qu'elle doit remplir dans la société. Dans un temps qui n'est pas éloigné, madame ira faire ses courses en ville, tandis que monsieur restera au logis pour faire la soupe et laver les marmots.

II

Quelques hommes, dont l'ambition égare la raison, ont porté une sérieuse atteinte à notre commerce et à notre industrie, en soufflant aux oreilles des ouvriers des discours antisociaux, en prêchant les grèves, etc... L'ouvrier n'a pas compris que ce n'était pas le souci de ses véritables intérêts qui guidait ces hommes politiques, mais bien que lui, ouvrier, servait d'instrument à leur ambition.

Pour arriver à telle ou telle fonction publique, ne faut-il pas un certain nombre de voix, et alors, comment faire si on ne flatte pas le parti le plus nombreux? Ces hommes-là sont bien coupables. L'ouvrier, devenu trop exigeant vis-à-vis de son patron, il est arrivé deux cas : le patron a cédé aux réclamations de ses ouvriers, espérant des temps meilleurs ; plus tard, ses espérances ne se réalisant pas, il a dû tomber en faillite ou retirer ses capitaux.

Dans le premier cas, la faillite cause un désarroi général dans les affaires ; la confiance et le crédit, qui sont l'âme du commerce, n'existent plus ; en outre, le stock de marchandises que laisse le failli ou la personne qui retire ses capitaux, ne vont pas toujours à leur véritable destination ; ces marchandises ne trouvent pas leur écoulement aussi vite que lorsque le chef de la maison en avait la direction. C'est cet embarras qui a fait croire à beaucoup de gens que notre commerce souffrait d'une trop grande production. Le mal ne vient pas de là, attendu que la production est proportionnelle à la consommation, l'offre à la demande. Si la crise commerciale et industrielle provenait d'une trop grande production, cette crise ne serait que d'une durée relativement courte ; — ce qui malheureusement n'a pas lieu.

Dans le cas où l'industriel retire ses capitaux, bien des familles ouvrières souffrent par suite de la cessation d'une industrie et d'un commerce qui, grâce à leur travail, leur assurait le pain de chaque jour. De plus, l'argent retiré devient moins productif.

Qu'on ne vienne pas dire que la crise est générale, qu'elle se fait sentir non seulement en France, mais dans l'Europe entière ; à cela, je répondrai que toutes les industries étant solidaires et que le monde n'étant qu'un vaste marché, les autres Etats doivent nécessairement se ressentir des effets de notre crise. Tout le mal vient de chez nous ; pourquoi s'étonner alors que les autres puissances nous fassent partout opposition ; elles nous regardent d'un mauvais œil ; l'affaire de la Grèce nous le prouve assez.

Les grèves, qui ruinent le patron et l'ouvrier, pourraient être évitées en créant une chambre composée en nombre égal d'industriels et de délégués ouvriers, jugeant, en dernier ressort, les différends qui surgiraient entre les patrons et les ouvriers. Dans tous les cas, le gouvernement doit empêcher que des troubles se produisent, sinon la liberté du travail n'existe plus.

III

A côté du mal, voici le remède :

Il faut, avant tout, encourager l'agriculture par tous les moyens possibles ; empêcher l'émigration des jeunes gens de la campagne vers la ville. On atteindrait ce but en leur accordant certains privilèges ; par exemple, en n'appelant sous les drapeaux, que pendant une période d'un an, tout fils de propriétaire produisant au moment de son tirage au sort un certificat des autorités civiles de l'endroit dans lequel il réside, constatant qu'il est fils de propriétaire et qu'il exerce la profession de cultivateur depuis deux ans au moins. Le service militaire ne souffrirait pas le moins du monde de cette faveur ; nous aurions d'aussi bons soldats que par le passé. Le jeune homme qui travaille la terre est rompu à la fatigue ; il ne lui faudrait donc pas plus d'un an pour faire un bon soldat, parce qu'il n'aurait qu'à apprendre le maniement des armes ; un an suffirait également pour lui faire ressentir les effets de la discipline. Et, faut-il autre chose pour faire un bon soldat ? Un tempérament trempé aux fatigues, connaître bien l'exercice et savoir se plier à la discipline. Il faudrait nécessairement que, pour une période si courte, ce soldat d'un an fût versé dans l'infanterie, car il n'est pas possible de faire un bon cavalier en si peu de temps. De ce que tous les jeunes gens de la campagne seraient fantassins, l'armée serait constituée plus fortement, parce qu'en effet nous aurions un effectif choisi de personnes robustes, pouvant résister aux fatigues, en général, mieux que les jeunes gens de la ville, et, comme dans cette arme les exercices sont plus pénibles que dans toute autre, il s'ensuivrait que tout irait mieux, et nous ne verrions point ou presque pas de traînards dans les actions. Les jeunes gens qui habitent la ville sont ordinairement plus aptes au service de la cavalerie qui est d'abord moins pénible ; ils sont plus prompts, plus souples, et peuvent donner, leur imagination étant plus ardente, un bon coup de collier, comme on dit, et frapper un grand coup dans un moment décisif, ce qui est encore du ressort de la cavalerie, surtout de la cavalerie légère.

IV

Il faudrait également faire connaître dans tous les pays vinicoles le moyen de préserver les vignes du phylloxéra.

Je citerai à ce sujet la lettre adressée, le 21 avril, à M. le Ministre de l'agriculture, lettre qui a été prise en considération et dont le procédé est soumis à l'examen de la commission chargée de l'étude des questions se rapportant à la défense du vignoble cont' le phylloxéra.

Toulouse, 21 avril 1886.

Monsieur le Ministre de l'agriculture,

J'ai l'honneur de vous soumettre, Monsieur le Ministre, un remède infaillible contre le phylloxéra ; quand je dis remède, je ne veux point dire par là que je veux traiter la vigne par des moyens chimiques ; mon procédé est plus simple, le voici : *planter chaque pied de vigne à la distance de deux mètres l'un de l'autre et en forme de losange.*

C'est si simple, que vous devez douter, Monsieur le Ministre, de l'efficacité de mon système. Ce que j'avance, je vais le démontrer et donner toutes sortes de preuves à l'appui.

Le phylloxéra ne se met à la racine que lorsque celle-ci ne trouve plus dans la terre les éléments qui lui sont nécessaires ; et cela arrive lorsque les racines du pied voisin s'entrecroisent ; il est bien compréhensible qu'à partir de ce jour, elles meurent faute d'aliments ; c'est alors que l'insecte se met à la racine et ronge celles qui ont encore un peu de vie.

Ce qui vient à l'appui de mon raisonnement, c'est que :

1° Le phylloxéra ne fait son apparition qu'après la troisième pousse, c'est-à-dire trois ans après la plantation. C'est alors seulement, en effet, que les racines ont pris un développement tel, que les éléments qu'elles puisent dans le sol ne leur suffisent plus.

2° Le phylloxéra ne se met jamais ou très rarement à un pied de vigne isolé. Ainsi, dans certains départements, on trouve souvent un cep planté devant la porte des maisons d'habitation, ce cep n'est jamais attaqué par le phylloxéra. Quelques propriétaires auxquels j'ai communiqué mon procédé, m'ont fait presque tous cette objection : « que quelquefois le phylloxéra se mettait aussi aux pieds isolés qui étaient devant les portes des maisons d'habitation. » Je leur ai répondu que cela était très naturel, que je m'étonnais même que le cas fût si rare, parce que la terre où le pied se trouve planté n'est pas cultivée, mais durcie, entassée, martelée, tout comme nos grandes routes. Il n'y a donc rien d'étonnant que parfois le phylloxéra atteigne ce pied.

Une autre objection que j'ai eu à réfuter, c'est que les plantations que l'on fait où se trouvait préalablement une prairie, ne résistaient pas davantage au phylloxéra ; cependant, me dit-on, c'est une terre qui n'est pas épuisée, puisque la couche superficielle seule fournissait les éléments nutritifs, tandis que l'autre (celle qui allait servir pour la vigne) se reposait depuis fort longtemps. A cela, j'ai encore répondu que cette couche, quoique étant en repos, n'était pas plus fertile pour cela, parce qu'elle ne subissait pas, assez longtemps avant la plantation, l'action de l'air, du soleil, des agents atmosphériques.

D'autres personnes m'ont dit qu'elles mettaient beaucoup d'engrais lorsqu'elles faisaient la plantation ; oui, leur ai-je dit, mais si les éléments qui doivent se combiner avec l'engrais pour fournir par suite de cette combinaison un nouvel élément servant de nourriture à la racine sont épuisés, votre engrais ne servira de rien.

Enfin, j'ai l'honneur de vous dire, Monsieur le Ministre, que j'ai réfuté toutes les objections que l'on m'a faites ; que mon système est mis en pratique dans bien des endroits avec un plein succès, et que le temps me donnera entièrement raison.

Je maintiens donc qu'il faut planter à une distance de deux mètres au moins, et planter en forme de losange, parce que, l'air circulant mieux, son action se fait bien plus sentir sur la feuille et peut en éviter la chute (Mildew).

Si l'on plante de nouveau après avoir arraché les souches mortes, ce qui a lieu, avoir soin de bien travailler la terre, de bien l'émietter et de la laisser reposer un an avant de replanter. On doit faire de même, si la plantation est faite au lieu où se trouvait une prairie.

Mon procédé est facile à comprendre et à bien mettre en pratique, si l'on n'oublie pas que la racine se nourrit et qu'il faut lui donner assez de nourriture, par conséquent assez d'espace ; que la feuille respire et qu'il faut lui donner assez d'air ; aussi je n'en dirai pas plus long sur ce sujet.

J'espère, Monsieur le Ministre, que, dans l'intérêt de la France qui vous honore, vous daignerez lire celui qui a l'honneur de se dire votre respectueux et dévoué serviteur,

A. LANABIT.

Voici la réponse à cette lettre :

Paris, le 15 mai 1886.

Monsieur, vous m'avez adressé la description d'un procédé destiné à préserver les vignes du phylloxéra.

J'ai l'honneur de vous informer que votre communication sera soumise à l'examen de la Commission chargée de l'étude des questions se rapportant à la défense du vignoble contre le phylloxéra.

Recevez, monsieur, l'assurance de ma considération.

LE MINISTRE DE L'AGRICULTURE.

Pour le Ministre et par autorisation :

Le Conseiller d'Etat, direecteur de l'Agriculture,
signé.

V

Par la loi, récemment promulguée, qui autorise la liberté du taux de l'intérêt en matière commerciale, on a pensé que les affaires prendraient plus d'extension, parce que les prêteurs, conduits par la spéculation, seraient plus disposés à céder leurs capitaux à un taux plus élevé ; que l'entrepreneur trouvant plus aisément à emprunter, des industries nouvelles pourraient être créées. On n'a pas réfléchi que l'entrepreneur qui emprunte à un taux assez élevé, dans le cas où son entreprise ne sera pas bien conduite ou n'atteindra pas le chiffre des bénéfices qu'il espérait réaliser, le taux de l'intérêt trop élevé, dis-je, sera pour l'entrepreneur une cause de manque à ses engagements et le précipitera dans la ruine ; et tout le monde sait que la ruine de l'entrepreneur ou du commerçant entraîne souvent celle du banquier.

Cette loi aura donc pour effet, dans les moments difficiles comme ceux que nous traversons, d'augmenter le nombre déjà considérable des faillites.

Il n'en serait pas ainsi, si le taux de l'intérêt était libre en matière civile : l'emprunteur qui ne pourrait remplir ses engagements envers le capitaliste n'aurait pas, comme pour le banquier, contribué à sa perte ; chez le capitaliste, le jour de l'échéance n'est pas si rigoureusement observé, parce qu'il n'a pas contracté, vis-à-vis d'un tiers, les mêmes engagements que le banquier, lequel peut être déclaré en faillite si à l'époque de l'échéance il ne peut payer, lors même que son actif serait supérieur à son passif.

VI

Trouver un débouché à nos produits, c'est rendre le commerce prospère et florissant, a-t-on pensé avec juste raison ; de là, ces expéditions lointaines : Tonkin, Madagascar. Je ne dirai pas que le Français n'est pas colonisateur, ni que la France ne retirera aucun avantage sérieux de voir notre pavillon flotter sur d'autres points du globe ; mais on aurait mieux fait de dépenser les millions de cette entreprise en Algérie et en Tunisie ; soit à creuser et agrandir certains ports de mer, terminer le chemin de fer qui relie Alger à Tunis, relier également par voie ferrée Kairouan à Sousse, etc., etc.

Par suite de ces communications, les transactions, devenues plus faciles, auraient donné un nouvel essor à notre commerce.

Cet esprit de colonisation lointaine me fait songer à ce propriétaire qui, élargissant toujours les bornes de ses terres, finit, à un moment donné, par ne plus avoir assez de capitaux pour les faire travailler. Quel bien a-t-il retiré de l'achat de ses terres ?

Nos produits seraient assurés d'un écoulement facile, et la France serait assez riche si elle savait tirer parti de l'Algérie et de la Tunisie. Il faut donc que l'Etat favorise l'émigration dans ce pays, par tous les moyens possibles.

Pour faciliter l'écoulement de nos produits, il faudrait aussi que chaque consul publiât, au moins une fois par mois, un compte-rendu sur la situation commerciale et industrielle du pays, de la ville dans laquelle il réside.

Ce compte-rendu serait ensuite affiché dans tous les chefs-lieux de département, au tribunal de commerce, ou, à défaut de tribunal de commerce, à la mairie. Les intéressés trouveraient là, des renseignements qui seraient pour eux de la plus grande utilité ; en outre, ce serait un moyen de s'assurer du devoir rempli par le consul dans la mission qui lui est confiée.

Tout ceci observé, que les Français ne soient plus comme les grenouilles qui demandent un roi : qu'ils s'assurent la stabilité gouvernementale, et la France redeviendra prospère, florissante et l'amie des autres nations.

Imp. Vialette et C·, rue Tripière, 9, Toulouse.